PARCHEMINS, TRIBUNAUX ET LES SEPT ESPRITS DE DIEU

Écrite par
Lindi Masters

Illustrée par
Lizzie Masters

Écrite par
Lindi Masters©

Illustrée par
Lizzie Masters©

"PARCHEMINS, TRIBUNAUX ET LES SEPT ESPRITS DE DIEU"
Droits d'auteur © 2021

Histoire écrite par Lindi Masters
Illustrée et conçue par Lizzie Masters

Traduite par Barbara Burke, The Silver Quill
burkebarbara56@gmail.com
Remerciements à IGNITE KIDZHUB © et à tous les enfants qui participent du monde entier, pour leurs créativités.

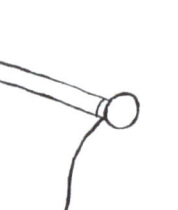

Un remerciement spécial à nos mentors et amis Ian Clayton et Grant Mahoney, sans qui nous n'aurions pas exploré ces royaumes.

Cette édition publiée en 2021 © Seraph Creative

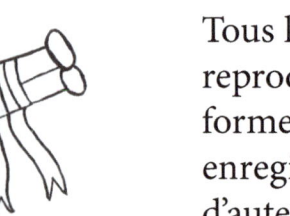

Tous les droits sont réservés. Aucune partie de cette publication ne peut être reproduite, stockée dans un système d'extraction ou transmise, sous quelque forme ou par quelque moyen que ce soit; électronique, mécanique, photocopie, enregistrement ou autre, sans l'autorisation préalable du détenteur des droits d'auteur. Aucune partie de ce livre, les illustrations incluses ne peuvent être utilisées ou reproduites sans l'autorisation écrite de l'éditeur.

ISBN 978-1-922428-57-8

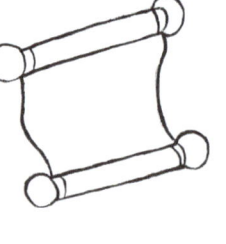

LES SEPT ESPRITS DE DIEU

Les Sept Esprits de Dieu ne sont pas le Saint-Esprit.
Ils se tiennent devant le trône de Dieu.
Nous les appelons enseignants et gouverneurs.

Apocalypse 1 verset 4

Souvent ils nous enseignent dans les salles de classe au Paradis.

Ils nous apprennent à faire les choses, pas à les faire pour nous.

Nous pouvons être enseignés par les Sept Esprits de Dieu n'importe quand.
Ésaïe 11 verset 1-2

Nous enseigne la gloire de Dieu et le gouvernement de Dieu.
Et tout en rapport avec les dimensions des Royaumes du Paradis.

Elle nous apprend à gouverner comme des Fils.
Elle nous enseigne sur l'autorité et elle nous libère
le contentement, la joie et ceux que nous aimons.

Elle nous montre comment et où aller dans les Royaumes de Dieu. Elle nous apprend à comprendre la révélation et les visions.

Nous enseigne sur le Saint-Esprit et Son rôle dans nos vies. Elle nous apprend à travailler dans les Cours Célestes.

Il nous enseigne sur la force et la souveraineté de Dieu. Il nous apprend sur les Chambres de Guerre et sur le combat.

L'ESPRIT DE CONNAISSANCE

Nous enseigne comment libérer la connaissance de Dieu sur la terre.

Et comment l'utiliser dans le monde autour nous.

La Connaissance de Dieu

Enseigne les autres

Habilité

Royaumes Surnaturels

Nous enseigne les merveilles de Dieu.
Ça ne veut pas dire que nous avons peur mais ça nous aide à mûrir comme Fils.

LES TRIBUNAUX OU LES COURS

Il y a 10 Tribunaux mais nous voulons parler du Tribunal Mobile.

Nous allons au Tribunal Mobile par la foi.
Figurez-vous debout dans les Tribunaux.

Dans les Tribunaux de Dieu nous avons les sept Esprits de Dieu pour nous témoigner.

L'accusateur se tient à notre droite nous accusant! Nous pouvons demander pardon à Dieu et juger nos cœurs.

Nous savons qu'Il nous pardonne toujours.
Ensuite, nous pouvons demander à Dieu de juger Satan l'accusateur et de l'expulser du Tribunal.

Nous recevons nos papiers et nos rouleaux du pardon de ces accusations et les mettons dans notre cœur ou nous les mangeons.

Zacharie 3 verset 1-7

N'est-il pas merveilleux qu'étant enfants de Dieu nous pouvons nous adresser aux Tribunaux Mobiles du Paradis et porter le jugement à l'accusateur!

Dans les Cours ou les Tribunaux Célestes ; il y a une Salle des parchemins.

Les rouleaux ou les parchemins dans cette salle nous parlent de tout ce que Yahweh a créé et de nos vies.

Nous pouvons entrer dans la salle des parchemins et demander aux Anges nos rouleaux de vie qui ont été écrits dans la montagne de Yahweh. Chacun a un parchemin sur lequel il a agréé.

Nous mangeons le rouleau et le mettons dans nos cœurs et libérons son onde sonore et sa fréquence.

Merci Yahweh pour le rouleau de ma vie.

Psaume 139 verset 16

Jeiel- UK

Hendriette- UK

Judah- UK

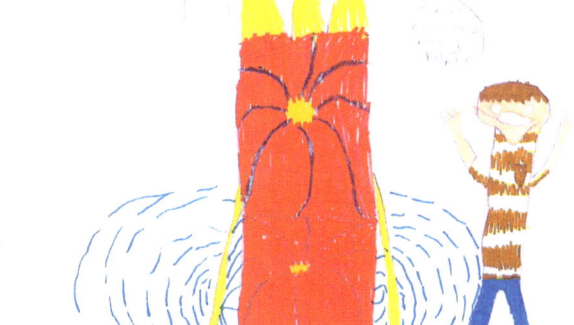

Reuben- UK

The spirit of the lord: red
The spirit of wisdom: orange
The spirit of understanding: green
The spirit of Council: yellow
The spirit of knowledge: indigo
The spirit of might: blue
spirit of the fear of the lord: violet

MObiLE CaiRT

Reuben- UK

Hendriette- UK

Ashlyn -Australia

Carla -Australia

Izak- UK

Carla -Australia

Reuel- UK

Ce livre est le deuxième d'une série créée pour inciter les enfants à explorer et à s'engager dans les royaumes du royaume de Yahweh.
Nous examinons de plus près les parchemins ou les rouleaux, les Tribunaux ou cours et les Sept Esprits de Dieu.

www.ingramcontent.com/pod-product-compliance
Lightning Source LLC
Chambersburg PA
CBHW050759110526
44588CB00002B/52